La Troisième République

CEUX QUI BOUDENT

Par D. SOLINS

Rédacteur en chef de la *Touraine Républicaine*

Prix : 30 centimes

PARIS

G. ROBERT, Libraire-Éditeur

19, Faubourg Saint-Denis, 19

ET CHEZ LES PRINCIPAUX LIBRAIRES

1886

CEUX QUI BOUDENT

CEUX QUI BOUDENT

Par D. SOLINS

Rédacteur en chef de la *Touraine Républicaine*

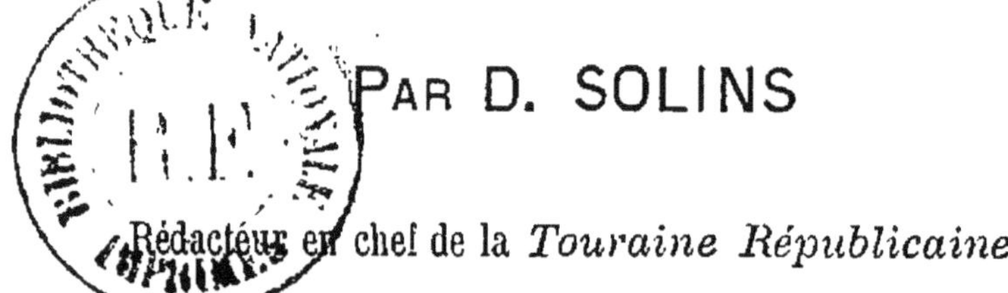

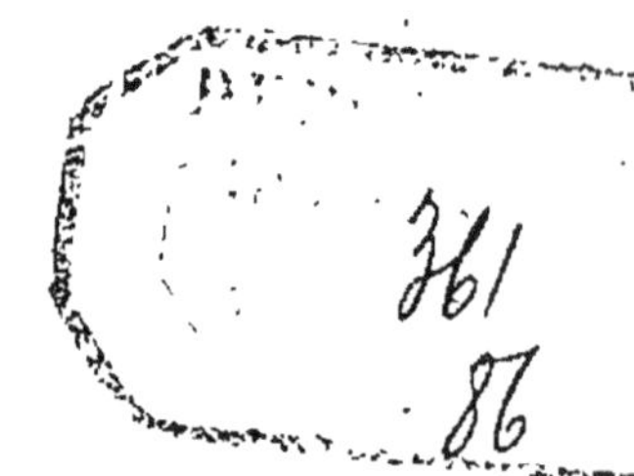

1886

PARIS

G. ROBERT, Libraire-Éditeur

19, Faubourg Saint-Denis, 19

ET CHEZ LES PRINCIPAUX LIBRAIRES

CEUX QUI BOUDENT

I.

C'était hier. Pourquoi le papier dans lequel la marchande avait enveloppé notre tabac attira-t-il nos regards ? Il avait l'apparence d'une lettre grossièrement manuscrite : c'était un fragment de lettre, en effet. Nous le reproduisons, tel qu'il se trouve entre nos mains :

« Jean

« Vous atellerez à deux pour le château ; il fodra passé chez le carossier pour lui demandé quand le coupé sera près.

« Ne fattiguez pas Louisette *acause* de son éparvin.

« Il y a une glace de cassé . . . . placera au *plutôt*. Le . . . .

« Vte de L. . . . . . . »

Cet échantillon de prose épistolaire nous rendit rêveur.

Le noble écrivain, on le voit, professe à l'égard de la grammaire française une absolue indépendance. Nous sommes trop ami de toutes les libertés pour lui faire un crime des licences qu'il prend avec la syntaxe ; cependant, un certain nombre de réflexions se présentent à notre esprit quand nous relisons sa lettre.

D'abord le vicomte écrit à son cocher et il pourrait arguer, en manière d'excuse, que, pour un pareil correspondant, on ne sort pas, quand on est *né*, son orthographe des poulets à la marquise ; oh ! nul effort, la plume va, va, vous savez ; on n'y fait aucune attention : c'est pour Jean !

Non. Cela est bon à dire entre ignorants qui se passent réciproquement leurs bévues ; nous savons fort bien à quoi nous en tenir.

Il en est de l'orthographe comme de vos vêtements : elle habille votre pensée d'une forme ou bonne ou mauvaise, de même qu'une redingote se plie à la taille de l'homme qui la porte et ne peut plus vêtir que lui.

L'habitude, en cette affaire, n'est pas seulement une seconde nature : on n'en a point d'autre. Un exemple : le vicomte est homme de cheval, je suppose ; il lui arrive souvent d'écrire le mot *atteler* ; eh bien ! aujourd'hui il l'écrit *ateller* ; il l'orthographiait ainsi hier, et jamais le verbe atteler ne se présentera à son esprit sans ce faux assemblage de lettres. L'infortuné !

*
* *

A Dieu ne plaise que nous fassions ici du pédantisme pour le seul plaisir de confondre un descendant des croisés !

M. le vicomte de L.... n'a point passé par l'école primaire, ni par le collège communal, on en peut jurer : quelque jeune prêtre, fils de fermier, a été chargé non seulement de son éducation mais de son instruction. Fêté, choyé dans le château de L..., et tout réjoui de s'y voir, le jeune prêtre a, sans nul doute, ouvert l'esprit de son élève aux grandes conceptions et aux spéculations du domaine céleste plutôt qu'il ne s'est préoccupé de lui inculquer

les principes de la grammaire. La syntaxe
et la langue sont, d'ailleurs, de trop petites
personnes pour que la noblesse n'ait pas
sur elles toutes sortes de droits seigneu-
riaux !

A l'occasion de son procès, notre Paul-
Louis écrivait déjà — en 1821 :

« Si je citais une phrase comme celle-
ci, par exemple : *Qui profitera d'un bon
coup ? Les honnêtes gens ? Laissez donc ;
ils sont si bêtes !* vous la croiriez de quelque valet et des moins *éduqués*. Elle est du
marquis de Castelbajac, imprimée sous son
nom dans le *Conservateur*. Ainsi parlent
ces gens nés autrement que nous, c'est-
à-dire bien nés, qui se rangent à part,
avec quelque raison ; classe privilégiée,
supérieure, distinguée. Voilà leur langage
familier. »

Pourquoi cette trivialité d'expression
chez un marquis, cette pénurie d'orthographe sous la plume d'un vicomte ?

La réponse, vous la faites vous-même,
lecteur :

Dans le monde du marquis et du vicomte,

on ne travaille pas ; le travail est la loi
maudite ; on le méprise, et par héritage et
par vanité.

Dès lors, qu'apprend-on ? La danse,
l'équitation, l'art de bien mettre sa cravate ;
s'il n'était pas nécessaire de parcourir la
Vie parisienne et quelques ordures de la
librairie à la mode, on oublierait de savoir
lire. Tel est le ton. Tel il était du vivant de
Courier, tel il sera trouvé par nos ne-
veux.

Oisiveté paraît inséparable de Noblesse :
voilà un vrai malheur pour cette noblesse
et dont nous la plaignons fort.

Ah ! nous n'ignorons pas qu'élle compte
d'illustres représentants parmi nos écri-
vains, nos économistes et — même ! — parmi
nos académiciens.... Mais en quel nombre ?
L'exquisité du choix ne suffit pas à ra-
cheter le peu d'élévation du total.

*
* *

Le retour à la République a été, pour
notre noblesse, une occasion nouvelle
d'adopter cette attitude hautaine qui lui va

si bien et qui lui profite si peu. Elle boude. Il n'y a pas à dire : « mon bel ami ; » elle boude !

On l'a bien vu à propos de l'emprunt, et ses journaux ne l'ont pas célé : ce n'est pas elle qui a souscrit... Ah ! fi ! l'emprunt républicain ; pouah ! quéqu'qu'c'estqu'ça ?

Ce sont les grippe-sous, les traîne-misère du bas peuple qui ont apporté tous ces milliards-là ; la noblesse, elle, au contraire, a capitalisé dans un bas de lainé. Vienne un monarque, il récompensera tous les dévouements, paiera tous les intérêts !

Vous croyez, peut-être, que nous voici loin de notre point de départ et que nous avons perdu de vue le vicomte avec son *carossier?* — Eh ! nous y sommes en plein.

Si la noblesse avait voulu, ayant en main le renom, la tradition, la bravoure, le désintéressement ; portant au front l'auréole des gloires passées et des faveurs chèrement conquises ; si elle avait voulu, ah ! quelle place elle eût prise ! La première, cela est évident. Elle a, rien qu'en ces cinquante dernières années, vu s'accomplir

les merveilles scientifiques, les transfor-
mations industrielles les plus extraordinai-
res ; elle a assisté au gigantesque effort du
vieux monde, secouant chaque jour, avec
une énergie nouvelle, le lourd fardeau des
âges d'immobilité pieuse et de combats
stériles…. Rien ne lui a crié : « C'est ici
qu'il faut te placer ; c'est à la tête des hommes de progrès et de foi que tu donneras
la preuve de la supériorité de ta race et de
la pureté de ton sang ; conquiers par la
science, puisque le temps n'est plus où tu
conquérais par l'épée ! — On ne s'oppose
pas à la marche en avant d'un peuple : si
l'on ne veut être foulé aux pieds, on che-
mine avec lui. »

Non ! la fatalité pèse sur les institutions
qui doivent disparaître..

Pour être quelqu'un, dans la démocratie, il faut travailler, et notre noblesse a
horreur du labeur humble, patient, con-
tinu.

C'est pourquoi on l'isole, bien plus qu'elle
ne s'isole elle-même, dans son ignorance et
dans sa bouderie.

C'est pourquoi le vicomte a une glace *cassé....*

II.

Les voilà donc, ces nobles, fils et petits-fils d'aristocrates, atteints et convaincus de « bouder » la République.

Il se peut, comme nous l'a fait remarquer un de nos correspondants, — d'ailleurs trop bienveillant pour nous, — qu'ils aient des motifs de n'être pas contents. Compter parmi ses aïeux un personnage qui spéculait sur le pain du soldat français, sur la paille des chevaux de l'armée ou qui négociait l'entrée des étrangers sur le sol de sa patrie ; savoir que ledit ancêtre a, de ce chef, péri sur un échafaud ; cela, certes, n'est point fait pour vous réconcilier avec le régime. Au temps passé, on lui eût accordé de grasses prében- des ou, tout au moins, le gouvernement d'une province. La comparaison n'est pas absolument à l'avantage de la République.

Remarquez-le, pourtant : c'est par succession que la République hérite de la rancune des nobles contre la Révolution populaire ; la Révolution seule ayant jeté bas, au 14 juillet 1789, le vieil édifice fait d'abus, de privilèges, de concussions, de galanterie (lisez : de prostitution) à l'abri duquel vivaient les classes dirigeant et possédant. Mais c'est la forme républicaine qui, la première, a succédé à ce grand effort du peuple ; c'est pourquoi les dépossédés l'ont rendue responsable de ce nouvel état de choses, dont ils souffraient.

N'eût-il pas été aussi rationnel de bouder tour à tour tous les gouvernements qui ont suivi et qui n'ont vécu, en dépit de leur étiquette et de l'origine de certains d'entre eux, que sur l'idée et les principes révolutionnaires ?

.... Cette digression nous entraînerait un peu loin ; revenons, si vous y consentez, au temps présent, aux adversaires de la troisième République, à leur tenue, à

leurs convoitises ou secrètes ou publique-
ment avouées.

Il existe donc, pour les monarchistes
réactionnaires-*nés*, une excuse, tirée de
l'ancienneté de leurs griefs : de maîtres
absolus et indiscutables de la société qu'ils
étaient, la Révolution républicaine a fait
d'eux des citoyens égaux aux autres Français : grand honneur, faveur insigne, qu'en
leur inconscience ils ne sauraient avoir
appréciés.

Mais que dirons-nous, je vous prie, des
détracteurs de la République qui, nés dans le
peuple, aussi profondément *peuple* que vous
et moi, ont renié leur mère, passé à l'ennemi,
pris le ton des beaux-fils, un pan de la livrée
de leur aïeul encore accroché à l'épaule ?

Le moins qu'on en puisse dire, c'est
que ce sont des gens trop habiles.... ou fort
ridicules.

Taupin, Papignol, Beaucanard ou Géro-
mé protestant contre « la R. F. ; » prenant
des airs, faisant des mines, avançant le
museau et parlant de « ces espèces :» quoi
de plus folâtre ?

Hé ! Mascarille ! hé ! Jodelet ! enlevez-moi tôt ce pourpoint et cette fraise, allons !

Cathos et Madelon vous ont reconnus.

Le malheur veut que la domesticité, une fois engraissée, garde cette sorte de reconnaissance facile de l'œsophage : on a si largement vécu aux dépens du marquis, on a tant bu de vieux vin chez la duchesse, qu'on ne peut, en vérité, se dispenser d'être de l'avis de Monsieur, de partager les rancœurs de Madame.

Frontin n'entrevoit d'autre rehaussement possible que dans la singerie de cette noblesse, avec ses défauts, et il y joint ses vices, à lui.

*
* *

Ce n'est point là un tableau du dernier Salon. Depuis belle lurette on en rencontre, des échantillons de cette race si domestiquée que le joug pèse sur ses pensées autant que sur ses habitudes physiques.

Le besoin bête de se hausser quand on

est petit, de s'enfler quand on est chétif, de crier quand on n'a que le souffle est bien dans la nature de certains êtres inférieurs. Impuissants à se distinguer par quelque mérite, ces repus de la desserte aristocratique imaginent maints stratagèmes pour enlever la crasse du chaudron. Tous, nous en connaissons qui tentent d'accoler de force à leur nom une qualification, un titre : hier Blaisinet, demain Blaisinet de Belle-Cour ; après-demain Bl. de Belle-Cour....

Ah ! gros comme le bras !

Et l'on reçoit, et l'on donne des fêtes, des dîners, au cours desquels on médit de « la R. F. » à bouche que veux-tu !

Il arrive parfois, cela s'est vu, que lorsqu'un convive refuse du potage à Madame, Monsieur, croyant qu'on l'a sonné, se lève et prend l'assiette....

De pareilles réunions ne vont pas sans la présence d'un ou de plusieurs ministres du culte respecté par la majorité des Fran-

çaises. Le desservant n'a garde de s'enqué-
rir de l'origine de cette opulence.

Partout où l'on dit du mal de la République, il se croit chez lui (1) :

« Bien avant M. Paul de Cassagnac, écrivait ces jours-ci M. Ranc, l'Église a in-
venté et créé le parti des solutionnistes.
Pourvu que la République tombe, peu lui
importe quelle sera la solution. Elle sait
bien qu'aucune monarchie en France n'au-
rait le pouvoir désormais d'être anticléri-
cale. Voilà pourquoi toute monarchie serait
la fin non seulement de la liberté, mais de
la France.

« Au 24 mai, l'Église servait la conspiration royaliste. Au 16 mai, le cléricalisme
a été l'agent le plus actif, le plus dévoué de
la conspiration orléaniste. Je lisais hier
dans un journal qui n'est pas républicain
et qui est d'ordinaire fort bien renseigné
sur ces choses que le maréchal de Mac-

---

(1) Nous parlons, bien entendu, de la majorité
du clergé ; d'heureuses exceptions sont à signaler,
dans les villes surtout, et nous ne l'ignorons pas.
— D. S.

Mahon hésitait à se jeter dans la bagarre. C'est M. Dupanloup qui le décida à rédiger le délicieux petit billet que reçut M. Jules Simon. »

M. Ranc dit encore :

« Quoi qu'on puisse faire, l'Église n'acceptera jamais la République parce qu'elle sait que la République ne lui laissera jamais mettre la main sur la société civile et les droits de la pensée. »

*
* *

La République est ainsi en butte aux coups : de la noblesse ; de la domesticité de cette noblesse ; d'une partie considérable du clergé.

Il faut ajouter à la liste le bourgeois qui, sans avoir passé par l'office, ne s'est pas moins frotté à l'aristocratie et, par suite, en adopte les manières. Ce n'est pas le moins curieux de tous nos types.

Ses pères ont détruit la Bastille, et lui la réédifie, — oh ! sans y prendre garde.

Ce n'est point un sot, en trois lettres ;

ni un illettré, ni un fainéant. C'est un homme qui, faute d'avoir confiance dans la démocratie, d'où il sort, voit encore dans la noblesse une classe supérieure ; estimant qu'il est au-dessous, il s'efforce de gravir les degrés qui le séparent d'elle. Il y arrive grâce à l'argent, aux alliances, à la complaisance mondaine ; il y parvient comme il peut.

La noblesse l'accueille froidement, d'ordinaire ; il ne compte plus les rebuffades. Sa susceptibilité, de ce côté-là, s'émousse vite.

M. Jourdain est reçu dans les salons ; M. Jourdain y fait sourire les dames et hausser les épaules aux hommes : voilà ce qui s'appelle, dans son monde, « avoir de brillantes relations. »

III.

Ceci n'est pas une œuvre de haine. Que nos lecteurs et amis le sachent. Nous exposons de notre mieux les griefs des partis hostiles à la République ; nous omettons à dessein de spécialiser. Eût-il fallu dire que

l'opposition se trouve, avec ses plus fameux
« boudeurs, » dans la diplomatie, dans
l'administration, dans l'armée ? Nous avons
voulu laisser à notre lecteur le soin de classer
où se trouvent tous « ceux qui boudent. »

Ce qui est important, c'est de montrer
quels motifs, ou puérils ou grotesques, nos
opposants peuvent invoquer pour com-
battre le gouvernement du pays par le pays.
Si l'on excepte le clergé, personne n'a, en
bonne conscience, de raison puissante de
« bouder » la République.

Encore, dans les rangs de ce clergé,
faut-il faire une exception pour l'humble
prêtre de campagne, curé ou vicaire, tenu
d'obéir docilement aux ordres de Rome,
lesquels lui sont transmis par son évêque :
« Mon clergé marche comme un régiment, »
déclarait le cardinal de Bonnechose, qui,
lui-même, avait été officier de dragons.

*
* *

On nous fait remarquer qu'en 1848 le
clergé français n'a pas montré pour le
régime républicain autant d'antipathie qu'il

en témoigne en 1886. Il bénissait assez volontiers les arbres de la Liberté. (Presque tous ces arbres sont morts, du reste.)

Le rêve d'une « démocratie du clergé » pouvait être fait, alors, par nos prédécesseurs, gens à idées larges, à conceptions élevées.

Il n'en va plus de même, hélas ! La rigide discipline, qu'on a vue se relâcher dans les rangs de l'armée, a fait son apparition dans ceux du clergé.

Le *perende ac cadaver* n'était qu'une formule : la main des jésuites de l'entourage de Pie IX en a fait une application étroite. Le pauvre desservant de village est bien, sous les lanières de son évêque, comme un cadavre, que la fantaisie du prélat retourne ou dissèque à son gré.

Combien en est-il, de ces modestes serviteurs de Dieu, qui gémissent du rôle qu'une volonté toute-puissante les oblige à jouer ? On ne saurait le dire. Ils sont apparemment fort nombreux.

S'ils ont pris la soutane, ç'a été pour obéir à la terrible voix de la *fausse vocation,* danger d'un certain âge, en un certain milieu ; et puis l'exemption du service militaire les a tentés, peut-être.

Brochant sur le tout, l'atmosphère surchauffée du séminaire a permis à ces jeunes gens de se croire faits pour le saint ministère et pour le célibat.

Quand ils se sont réveillés, la situation terriblement dépendante qu'on leur fait a été le grand désenchantement de leur vie. Eh quoi ! cette suite glorieuse de prêches, de sacrifices, de dévouement aux souffrants ; l'âpre franchise envers les grands des Bourdaloue et des Massillon ; le retentissement des conversions éclatantes, tout ce qu'on avait entrevu, souhaité ; ce martyre même auquel une foi extatique vous faisait aspirer, tout se réduit.... à quoi ?

A l'obscur apostolat dans un village perdu, loin de toute fréquentation intellectuelle, avec la décourageante perspective des choses indéfiniment recommencées !

On s'explique qu'un cœur ainsi meurtri s'ouvre sans peine et cède aux excitations des habiles, quand ces habiles disposent de tout maintien et de tout déplacement.

***

Pour les familles à particule nobiliaire, la tradition est une excuse; nous l'avons dit.

Ces gens, apparemment, croient que leurs ancêtres faisaient tout seuls les croisades, sans soldats ni suivants. Si nous possédions des parchemins, nous autres de la roture, il nous serait aisé de leur prouver qu'alors que leurs ancêtres servaient comme capitaines dans l'armée de saint Louis, nos aïeux, à nous, étaient d'obscurs mais fidèles combattants de la bonne cause. Le sang versé confère-t-il des titres? Alors nous n'en manquons pas.

Mais point d'illusion ! Il ne faut guère espérer que les aristocrates consentiront à entrer dans les rangs de la démocratie, encore que les de Noailles, les de Roys, les Tocqueville, d'autres avant ou depuis eux, leur aient montré le chemin.

***

Ceux qui, dans le coin des boudeurs,

sont sans excuse, nous le disons et c'est
toute l'économie de cette esquisse, ce sont
les *vilains*, bourgeois, roturiers, enfants
du peuple, « du peuple, source de tout
bon sens, » écrivait Courier.

Qu'attendent-ils pour venir loyalement
à la République ? N'a-t-elle pas fait ses
preuves, donné des gages de sa sagesse,
témoigné de son esprit de conservation ?
Obligée de liquider un passé terrible, l'a-
t-on vue manquer de résolution ou de pa-
triotisme ?

La situation de tous n'a-t-elle pas été
sauvegardée ; les intérêts protégés ? Vous-
mêmes, Mathurin, Benoît, Gros-Jean, que
seriez-vous, sans cette République, que
vous affectez de bouder ? — Des parties
infimes de cette gent « taillable et corvéa-
ble » qu'un grand seigneur pouvait occire
à la condition de payer au roi cinq sols pa-
risis.

Nous ne vous faisons pas l'injure de sup-
poser que vous ignoriez ces choses.

Ah ! l'on exploite, pour vous entraîner
dans la réaction, les souffrances de l'indus-

trie et particulièrement de l'industrie agricole. Eh bien ! répondez à vos nobles discoureurs qu'ils n'ont rien, eux, rien du tout à vous donner en échange de ce qu'ils vous conseillent d'abandonner ; que la crise économique est de tous les pays, a été de tous les temps, et qu'enfin, si la royauté pouvait se réinstaller en France, ce serait au prix d'un bouleversement dont les conséquences seraient plus ruineuses que vingt années de disette.

La porte de la République n'est pas fermée ; on n'a qu'à y frapper, mes amis. Frappez-y donc. Entrez, et vous serez chez vous !

IL

LE JETEUR D'OR

Conte philosophique.

———

Dans la grande cité du Nord, aux toits bleus, aux sapins toujours verts, que noie à demi la brume du matin, IL passe, l'Être mystérieux et ironique.

IL passe, — et son front est d'une coudée plus élevé que le front des mortels.

La foule le suit, trébuchante et batailleuse, car il jette sur son passage, en secouant ses vastes poches, de menues pièces de cuivre ou d'argent, que ramassent en se gourmant les indigents de Christiania.

Ses largesses n'ont point de bornes; son sourire est plein d'un mépris douloureux.

Tout le jour, IL sème l'or. Mais quand à l'horizon terni, le soleil se plonge dans

un large bain de pourpre et lance sur le
monde ses flèches dorées ou sanglantes,
l'Être touche du doigt trois hommes
et leur fait signe de marcher à ses
côtés.

Les trois hommes obéissent, — passive-
ment, et marchent, — comme on marche
dans un rêve.

— J'ai, leur dit-IL, découvert à l'extrémité des faubourgs de cette cité une sen-
tine impure, un égoût pestilentiel, le ré-
ceptacle de toutes les choses viles; en un
mot, la fosse ordurière.... Au beau milieu
de cette mare de fange, peu profonde, ma
fantaisie m'a induit à déposer un lingot
d'or fin, d'or vierge, qui représente, seul,
bien plus que tout le revenu de ce beau
royaume.

Approchez-en avec moi ; fixez vos yeux
sur son arête, si brillante aux derniers
feux.du jour : c'est vraiment là que se trouvent la puissance, la domination, la sou-
veraine possession des gens et des choses....

En effet, les compagnons de l'Être ironique et mystérieux, qui ont marché sur

ses traces et obéi à son geste, voient devant eux un étang tout plein d'un liquide noirâtre, au centre duquel étincelle la pointe d'un énorme cône d'or brut.

— Ce lingot, inappréciable richesse, reprend-IL en les regardant, est à qui le conquerra sous mes yeux.... N'est-ce pas une tâche facile, en comparaison du résultat? Il n'y a qu'à se crotter pour en venir à bout! Fol qui s'y refuserait!

Le premier des trois hommes à qui IL parle est un artisan infortuné, sur le visage de qui la misère a tracé des rides douloureuses.

Un chapelet de petits enfants aux boyaux vides se suspend à sa cotte en haillons.

— Encore, dit ce pauvre, que l'obligation de m'embourber me répugne fort, j'ai si grand'faim et mes chers petits vont se trouver si mal d'un plus long jeûne, que je me déciderais, si je savais quelle condition vous mettez à cet énorme don.

L'ÊTRE réfléchit ; puis :

— En échange de la fortune qui est là,

sous ta main, je réclame, l'ami, un de tes droits....

— Hormis le droit de mourir de faim, je n'en ai point d'autre, monseigneur, que celui d'élire mes chefs, — car je suis citoyen probe et libre !

— Bon ! reprend-IL. C'est donc ce droit de choisir tes chefs, ô misérable ! qu'il faut que tu m'aliènes en échange de mon trésor.

Le traîne-guenilles jette sur ses petits un regard d'angoisse, où luit un dernier regret ; il relève le front — et refuse.

Sa morne silhouette se perd dans l'obscurité naissante.

*
* *

Les deux compagnons du prolétaire offrent entre eux un frappant contraste.

Le premier, vulgairement gros et gras, semblerait être l'expression vivante de la Santé, de la Prospérité, du Bonheur, n'était l'étrange inquiétude et l'agitation qui respirent en sa rubiconde personne.

Au contraire, le second, petit vieillard

sec et parcheminé, doit être un noble d'antique souche, absorbé dans l'orgueilleuse mais peu productive contemplation de ses portraits de famille.

On le nomme, celui-ci, le chevalier de la Poupinardière. — Bonne noblesse.

*
* *

IL se tourne vers le bourgeois et lui dit :
— Mon brave, ne seriez-vous pas, aujourd'hui, mal dans vos affaires ? Je le suppose, à voir votre air contrit, car de simples chagrins domestiques ne mettraient pas ainsi votre dure cervelle à l'envers.

— Vous l'avez deviné, seigneur, réplique l'autre. La banqueroute d'un coquin me met, à cette heure, à deux pouces d'une double perte : perte de tout mon argent, et aussi de mon honneur, qui m'est cher, comme vous le pouvez croire.

Jusqu'à hier, j'employais un grand nombre d'artisans ; mes ateliers regorgeaient de marchandises ; la haute cheminée de mon usine fumait et mes fourneaux vomissaient leurs flammes jour et nuit. J'étais

roi dans ce domaine du travail : on m'o-
béissait au doigt et à l'œil.... La fuite d'un
banquier — que Belzébuth arde le traître !
— me réduit à l'état le plus indigent, et mes
embarras sont comme un bloc de roche sur
ma poitrine !

« Peu d'instants me restent, ajouta le gras
personnage, pour éviter la ruine et le
discrédit.... »

— Par l'Achéron ! dit-IL ; voilà une
situation désagréable.

Et, tout de suite, avec une extrême
volubilité, le patron d'usine expose son
désir de conquérir, voire au prix du plus
immonde des sacrifices, l'étincelant mon-
ceau d'or sur les paillettes duquel le soleil, comme à regret, projette ses derniers
feux.

En revanche, l'homme graisseux offre
au tentateur la cession d'un droit précieux
qui lui appartient : *le droit de choisir ses
serviteurs ;* d'ailleurs, il ne l'abandonne
qu'en soupirant.

Mais LUI dit ce seul mot:
— Patience !

Et, levant son index, il se tourne du côté du petit vieillard à la perruque poudrée :

— Vertubleu ! monsieur, s'écrie celui-ci d'une voix distinguée de crécelle, je me vois réduit à la cruelle extrémité de me passer cette épée au travers du corps ; ce qui, soit dit entre nous, me gênera pour recueillir la baronnie de messire Enguerrand de la Poupinardière, fils de ma noble mère et mon aîné ! Ruiné ! cela serait peu, si mon damné frère ne m'avait toute la mine de commencer une seconde jeunesse, laquelle repousse au-delà des calendes mon droit à la baronnie et me laisse, ne plus ne moins que devant, chevalier de la Triste-Figure....

Un éclat de rire sec, qui semble déchirer l'air à leurs côtés, retentit après ces paroles du chevalier.

Mais aucun pli du visage de l'ÊTRE ironique n'a tressailli :

— Je ne comprends décidément pas, fait-IL. Vous êtes gentilhomme, un des premiers dans l'État, — narguons les novateurs, n'est-ce pas ? — Vous avez les ancêtres, le rang, les honneurs, les privilèges, la race, la main belle, le genou rond, le tabouret, les avantages d'une tradition qui vous permet de ne point payer ce brave homme que voici et qui s'appelle M. Dimanche, — et vous déplorez votre sort ! !

— Ah ! monsieur, articule son noble interlocuteur avec un sanglot dans la gorge, vous dites vrai, mais.....

— Mais ?

— Mais je suis *che-va-lier !* Y pensez-vous ? Que deviendrait mon fils, si j'en avais un ? Quel titre lui laisserais-je ? Ah ! mon déplaisir est sans bornes !...

*
* *

La voix grave, la voix retentissante du mystérieux personnage s'élève, dans le calme du soir, que trouble seul le vol haletant des cigognes :

— Devant vous, monsieur le chevalier, à la distance de quelques brassées, dans cette fange, il m'a plu de placer le trésor d'un monarque indien ; allez le quérir, et vous posséderez, après avoir prélevé quelques bribes pour M. Dimanche (un de vos dix-huit cents créanciers), ici présent, l'opulence, la force, la possibilité de prendre enfin cette baronnie qu'un frère trop obstiné à la vie vous refuse ; car, vous le savez, chevalier, tout s'achète, même et surtout les choses du domaine spéculatif.

— Ouais ! dit M. de la Poupinardière avec un dégoût véritable, je ne saurais ! Cette ordure-ci me soulève le cœur.

— Il y a pourtant bien des siècles que vos pareils en ont réuni les infections, murmure-t-IL, semblant se parler à lui-même.

Ah ! certes, l'appât d'une incalculable richesse, la possession d'un tel amas d'or n'émeuvent point l'âme du petit chevalier ; non : ce qui le séduit, c'est la parole de l'Être énigmatique : « Songez-y, tout s'achète ! »

Quoi ! A lui la baronnie ; son frère aimé crevant de dépit ; à lui le castel, les vassaux et sur son passage la garde respectueuse au pied des tours, et les belles dames aux bonnets de brocart d'argent lui souriant, sur leurs blanches haquenées, et les chasses aux flambeaux en l'honneur du maître, — qui serait lui ! !

Le souffle du démon brûle son cerveau hanté de visions éblouissantes........ Déjà, dans l'enveloppement des ténèbres hâtives, l'Être inconnu, l'étang pestilentiel, le lingot d'or vierge semblent disparaître....

*
* *

Alors, une voix lamentable s'élève ; la voix du marchand :

— Seigneur, hélas ! Le temps presse....

Le maigre La Poupinardière, enfonçant, d'un geste brusque, son chapeau sur ses yeux, commence à battre en retraite.

Mais IL le rattrape par la queue de son habit vert-pomme, le retient :

— Mordieu ! MONSIEUR LE BARON, sautez donc ! !

Éperdu, fou d'orgueil et de convoitises, le chevalier fait le plongeon...

Clouc ! clouc !